Perder el aire
Inés Yarza

Colección Baños del Carmen

Inés Yarza

Perder el aire

Accésit Premio Vitruvio de poesía

EDICIONES VITRUVIO
Colección Baños del Carmen,
nº 1080

www.edicionesvitruvio.com

Un jurado compuesto por Cova Sánchez-Talón, Silvia Roa y Pablo Méndez, acordó conceder un accésit al premio Vitruvio de poesía a *Perder el aire*, de Inés Yarza.

Primera edición, 2026

© Ediciones Vitruvio
C/ Menorca, nº 44
28009
Madrid
Tlf: 91 573 21 86

ediciones vitruvio nº 1. 811 /
ISBN: 979-13-991646-1-9
Depósito legal: M-2524-2026

Perder el aire

Para Íñigo

Aires de goma

Hélices que vuelan sobre nuestras cabezas
llenas y vacías a un tiempo.

Parece que cortan el aire
dividiéndolo en fragmentos ya incapaces
de volver a unirse,

pero es sólo una ilusión
ese caerse del aire fragmentado

porque enseguida corre el viento
por todos lados
y se rellenan las costuras
con pegamento y
textura de goma.

                    No gustan los remiendos ni los huecos
                                           vacíos
                           no gustan los espacios
                                        divisibles

                         nada de esto

        gusta.

Dejando espacios

Debajo una ambulancia
enciende sus sirenas en pleno
atasco.

Pitan los coches porque llueve
(en el atasco)

pitan los cláxones
de los coches parados

para hacer sitio
al espacio que ocupa
la ambulancia.

Y se van moviendo lentamente
como un juego de tetris
a la masa que se desplaza como un cuerpo
inerte
camino del hospital
llevando

quizás la vida
quizás la muerte

en este preciso encontronazo.

Briznas de hierba

Las briznas de hierba quedaron
en la cuneta
y los árboles se erigieron firmes a los lados
de la carretera
creciendo sin que nadie los parara
en orden pausado
como si fueran mástiles en un barco
surcando el océano Pacífico.

Pero ninguna montaña necesitó nunca
licencias o papeles.

Ninguna ardilla, ningún gusano
ni caracoles siquiera.

Sólo nosotros,
que debemos ordenarnos con mesura
pugnamos por que la quijada
no se salga del rostro
y qué espectáculo en el asfalto
viajando en carrera por un tiempo
quebrado

        sin raíces.

Límite vertical

Corremos sin parar
en un laberinto
que hace tiempo
forjó muros más altos
que la mirada
no de ensueño
ni de ideas
que quieran volver a
erigir un trono celestial
sino de ceguera
muros blancos
resplandecientes
que impiden pensar en algo
distinto
en ese algo distinto
que nos quita las palabras
de la boca
que hace posible
que esas palabras sean dichas
sin mordernos
los labios
en suculenta merienda.

Sobre el columpio

Señales en el cielo
señales en el infierno
                    (trazadas)
en columpios que ascienden y
descienden
y juegan con sus cadenas oxidadas
en un círculo extraño
que brilla como si fuera una
centella.

No mantengas la mirada porque ciegan
penetrando en la pupila
como un chorro caliente
lejos y austero
contando los minutos
para que nunca llegue
el momento finito.

Canción inacabada

No llegaron las partituras
a ninguna parte
aquellas que encargaste
en el muelle del tiempo presente
porque no se escribe hoy
en las rocas
más que un aleteo inconsciente
espolvoreado en tinta
deleble
como si no fuera posible
        (siquiera).

En las columnas lustrosas
de este edificio edulcorado
grita tu muerte a los cuatro vientos
evitando cepos
y sonrisas de blanco inmaculado
pues sólo restriegan los minutos
sin contarlos
y vuelven una y otra vez
al punto de partida
        (manicomio)
esa casilla de un tablero olvidado
en las últimas plantas.

Lluvia de sonrisas

Sonrisas de madrugada
que huelen a algo adictivo
y sonrisas que tiran de la
comisura de los labios
hasta casi desprenderla
de la boca
en un rojo corrido
que sabe agrio
y un querer más de lo posible
y seguir en esa senda
de estacas y banderas
sin más ánimo que el continuar
ardiendo
y deseando
polvo
y muerte
y decadencia
y brillar como lo haría una estrella
en un universo tan pequeño
como un bote viejo.

A la sombra de un ciprés

Se partió en dos
trozos
como un trozo de roca que
cayera bajo el peso de un martillo
divino
quebrado en dos fragmentos
aquel cuerpo
duro y pétreo
a punto de partirse en cuatro
silente como un mudo
sin vida
quedó eternamente a las puertas
del cementerio.

Código de barras

Pasa por un láser silente
y se clasifica
como objetos en una tienda
que responden a categorías diferenciadas.

Igual el ser humano
en las imágenes trazadas
por un láser se pasa y
clasifica
      también
su mente.

Sobre la línea

Líneas y flechas se extendían por todos lados,
o así lo veía el pintor en algunos de sus cuadros.

Líneas con animales,
que alegremente las transitaban,
o que parados sólo veían la posibilidad de seguir
aquel camino,
pretrazado,
adentrarse en lo que alguna vez fue conocido y
nunca desviarse, siquiera atreverse a...

Veo esta línea y las ramificaciones que parten
y los árboles completos del tamaño de una galaxia
que llevaron a la gloria a máquinas del ajedrez.
Veo esa inteligencia artificial reptando hasta lograr
un trazado general de todas las posibilidades que caben.
Veo ese engaño al hombre
en el test de Turing
hablando frente a la máquina sin saber si ésta es hombre o
        electrificado,
pero una máquina que suspira, si alguna vez pudiera llegar a
        hacerlo,
nunca tendría la sensación de perder el aire.

Naufragio

No hay libertad en los pies que
no quieren levantarse.
No cabe el libre albedrío en un cerebro que se obtusa
y que cae a los condicionantes de todo tipo
que acotan y dificultan.
No hay posibilidad en el determinismo
ni araña que pueda escapar a su malla.
La verdad topó contra el raciocinio
las causas y el azar que trazan líneas
incomprensibles
a veces.
Todo consiste en seguir la pista e ir desentrañando
como lo haría un robot con las secuencias que se extienden
ad infinitum
pero siempre llega un final
un tiempo que se agota
un chip que no tiene capacidad de sobra
y un cuerpo que quiere coger y no puede
que quiere correr y termina cayendo al pozo
del oscuro traslado epiléptico.
Elegir o no hacerlo
buscar en el centro del cuerpo ese criterio
que dio fuelle a los hombres
y que nos quieren (queremos) quitar
como si no fuera posible pensar
en otros mundos
en otras vivencias.
Esclavos de nosotros mismos
en un tiempo descarnado
con heridas invisibles
que nos consumen
en naufragio prematuro.

Prisa

Cada vez más rápido
el corazón latiendo
y entre líneas
ni un suspiro
ni un gesto cómplice
ni una mirada
ni un mísero segundo
lastimero.

Sueño eléctrico

Interrupciones
ruido
ruido
ruido
bostezos
lobeznos
garras
colmillos
masilla compacta y pringosa
botones que se ajetrean en la tele
pantallas que parpadean
desesperadas por llamar la atención.
Tiempo parado
enquistado entre dos aguas
ajeno a esa corriente marina que se agita
en el tsunami
que viene
que nos viene a
despertar de este sueño
eléctrico.

La caída

La verdad cayó en un pozo
y no quisieron ir a buscarla
más fácil caminar sobre baldosas
inestables en el barro
y pensar que si uno resbala
no acabará cayendo
también
al mismo agujero.

Nuevo lenguaje

Cosas y más cosas
en un nuevo lenguaje que no habla
ni siente ni padece
ni es capaz de prender en el instante
sólo navegar a la deriva y volver a hacerlo
como ave fénix que estuviera resucitando a cada segundo
olvidado lo aprendido
memoria desmemoriada
espacio vacío en el interior del cráneo
sólo con una música de hilo
y un ritmo desquiciante.
Llega la locura con la tribu
en sus horas bajas
cuando el mareo es constante
y la sensación de caminar sobre el aire
se desvanece
mojada la gloria
y humedecido el destino
desconfiando
de esta melodía eléctrica
que venía a salvarnos.

Árbol sagrado

Hablabas con las palabras de una roca
a una pared temblando de miedo en
mitad de un arbusto escaldado
un rostro fino
de casi aparente perfil
y garganta pronunciada
subiendo una escalera
de tierra y barro
deshecha a cada esfuerzo
con los pies saliendo por los laterales
y una voz
deseosa de unirse al cántico del árbol sagrado
pendiendo en las alturas.

Mirad abajo

Las plumas cayendo desde el cielo
porque lloraban los ángeles en aquel instante de gloria en que
      todos callaron al grito de una flecha invisible

con un arco feroz   capaz de parar y reposar   de poner fin al
      movimiento de la rueda   de traer la ilusión   del instante
      deseoso   cuan cerebro abriéndose en tajada   de mármol
      quebradizo.

Aleteo

Una bandada de pájaros emprendió el vuelo
sin más sentido que el volar y llegar a un sitio
en algún momento
en plena plaza
pero un pájaro joven emprende el vuelo
y el ruido fulgurante
del cristal latiendo en medio de un segundo
alargado
lo para cayendo
hasta que todo es alas y

                  asciende.

Rastro

Huele a oso perdido en medio de la ciudad.　　　　Decían que
　　　husmeaba donde no debía
con sus músculos y el pelo
y el hocico
agarrados a la cara por si fuera necesario arrancársela de cuajo
　　　en cualquier
momento.

No es un asesino,　　　　　　decían,
ni un salvaje incontrolable.

Es un oso
un mero oso
en un contexto que no le pertenece.

Piedra muda

Un cementerio a lo lejos
con una lápida intacta
en la que no hay nombre escrito
ni letras de ningún tipo
ni símbolo que pueda interpretarse
más que la planicie
del horizonte
y la fría consistencia de la piedra.

Silencio

Las pilas dejaron de funcionar en un momento
todas las linternas se apagaron
y la lengua quedó enroscada entre las neuronas como intentando
       pronunciarse, pero sin hallar la palabra que pudiera
       desplegar el gesto del suplemento.
Quedó el corazón latiendo
y la carne volcada en la boca
la sangre moviéndose como río
en los canales del alma
desprendida [ya].
Esperaban nueva luz
nuevas imágenes
capaces de agotar el instante.

Agua marina

Respirar desde el fondo
de un cielo azul
agua marina
sentir las olas que golpean
y las rocas que se aferran
a su solidez todavía inerme
en la cala que oculta la sombra
y el sol
colándose en el mundo
sigiloso.

La nada se piensa a sí misma

Pecado capital
de ser tierra y sangre
en un mundo que juega como si sólo se tratara de mover figuras de
        cristal
en un tablero de dimensiones inconmensurables.

Espacios desprovistos de su entidad
como prendas reversibles que pudieran despojarse
y ponerse
volverse de otra forma con tan sólo tocarlas
y desaparecer cual tormenta de arena que las moviera
de su destino.

Un respiro
un ave que vuela y recorre minuciosamente una laguna hermosa
rozando con su pico el rizo del agua del atardecer
matizado en rojos, naranjas y amarillos
de esbeltos contornos y fluido ruido
rugido
del caer el agua.

No pensar en el vacío de este hueco sombrío y plasticoso
coronado por una cúpula celestial de *film* transparente
con máquinas de aire comprimido
y sardinas muertas
que ríen a carcajada limpia en su tumba de blanco inmaculado
sin saberlo.

Nada se pronuncia
nada se libera en esta atmósfera de aire predefinido
la nada se piensa a sí misma.

Al otro lado

Caíste al agujero sin saberlo
y luego pensabas, ¿por qué llegaste hasta ese punto?
En la vida, los caminos que la ceguera recorre y los árboles
del bosque humedecen de barro reseco.
Pero fue un instante
de aproximación a las piedras del suelo
y espacios entre las torres que pasan desapercibidos.
Luego las olas del mar se lo llevaron
el recuerdo de la memoria, el rugido de la espuma
que se deshace frágil en segundos
sin estómago capaz de digerirlo,
como esa melodía que a veces surge sin ser premeditada
un ritmo que se para un instante y retoma en un lugar ajeno
oculto en un hueco imposible de ver
porque no existe.

No-melodía

El cielo en el cielo
y la tierra en la tierra
la izquierda y la derecha en su sitio
arriba y abajo
encima y debajo
juntos y separados
el sí y el no
la verdad y la mentira
los espacios que cuentan
frente al no-lugar
las palabras que saben
las entrañas que habitan el ser
robado de un eterno retorno de lo
mismo
distinto
en espejos
que rebotan lo ilusionante
y lo sustraen
de inmediato
en una piedra-pantalla
de fuegos
intermitente
incapaz de generar la necesaria repetición
del ritornelo.

Desdibujados

Devenir animal como un rostro que no llegara a trazarse en su
    totalidad
incapaz de hacerlo a lo largo de toda una vida
adentrarse en la oscuridad de las tinieblas
que acecha en cada esquina
como ese fantasma imposible de sacudirse de la espalda
que nos susurra los fines
y sitúa los medios como si todo fuera posible
desde la perspectiva del uno que piensa y despliega
la idea
en la carne.
No cansarse nunca de los matices
de los enigmas
de los misterios
mirar del otro lado
y volver a remirar
desconfiando
porque los rostros no están trazados
y en un segundo puede descorrerse el telón y comenzar la función
sin estar listos
ni maquillados
o caer a un agujero
no acostumbrado en nuestro mundo de alfombras de terciopelo.
Aferrarse a los sueños
aun sabiendo que es difícil conquistar espacios que diferencien
y que siempre podemos caer en la bravura del abandono
pudriéndose el cuerpo
sin haber dado tiempo primero al alma
a liberarse.

Escalera (im)posible

El infierno es una escalera de fieltro verde interminable
incapaz de llegar nunca a ninguna parte
porque la muerte nos deja con la película encendida, decía
       alguien,
sin posibilidad de enterarse del final
como si el hilo de la historia siguiera desplegándose en línea recta
y el ejercicio
tenaz
de trazar el círculo del sentido
incluso descentrado
no fuera capaz de cerrarse nunca

o quizás sí.

En la muerte
con el cierre de esa boca que suspira hasta casi tragarse el aire
lo oscuro del alma despierta
y soñamos
tal vez
que conquista por fin con rigidez severa todos los rincones que
       dudaban
del mismo escalón que da soporte
a nuestros pasos.

No hay escaleras en el mundo
no hay caminos
no hay rutas pretrazadas
sólo flechas que apuntan
y pasos que se dirigen
e ideas que recordamos
como si ya hubieran existido en alguna parte y no hubiera espacio
       a novedad alguna
en el frente.

Pero el tiempo se para
en la vida también
y la ristra de instantes vertiginosos
tiembla con cada latido.
¿Lo escuchabas?
¿Llegaste en algún momento a ascender hasta aquel desierto?

Existe un círculo en algún lugar
un retorno que desciende al abismo
y ha surgido como una gota de ambrosía
en la memoria de varios
en el presente de la vida que recuerda
y surgen flechas
más flechas imaginarias entre la bruma
como si las gotas de un océano señalaran un lugar
del que todavía no se sabe
escalera de un mundo (im)posible.

Ceguera

Esos ojos que ya no miran
o que miran demasiado
esas palabras que traicionan
o el gesto del cuerpo elevado en un podio
por uno mismo
mientras perdemos las distancias
nos fundimos en el repliegue
de las pieles grasosas
y los buenos manjares
y no miramos los amaneceres en la montaña
ni las sombras en la calle
ni los reflejos del atardecer en los arbustos
o las hojas a punto de quebrarse
de miedo.

Incertidumbre

Llegó la tragedia abruptamente
a nuestras vidas
encerrados
con el halo de inmortalidad todavía caliente
con la boca repleta de mundo inmenso
masticado
en un tiento repensado
y destituido de sus pasos
ajenos.
Mirábamos por la ventana la vida pasar
y pensábamos:
¿Qué será del futuro?

Mundo cerrado y esbelto
como una estatua de bronce elevada en el paraíso
de nuestra firme memoria.

Confusión

Si las cosas que contaba tuvieran cabida en la realidad
calaría un estruendoso estornudo
que nos llevaría a todos volando hasta una casa ajena a dos o tres
        manzanas de la
nuestra.
Si fuera verdad aunque fuera tan solo en un cuarenta por ciento
el agua sería barro
y cualquier rostro quedaría descuartizado en instantes
por un fiero león aéreo que
al verse a sí mismo en un espejo
se transformaría en un elefante
y nos transformaría a nosotros mismos también
en tediosos animales en cuyas garras jamás hubiéramos querido
        vernos
ni por asomo.
Si aquello que esa tarde contaba hubiera calado entre los árboles
nos desenraizarían los ladridos de perro
y cavaríamos airosos huecos de agua entre cada adoquín callejero
y murmuraríamos setas a los arbustos del bosque
y calaríamos palabras en cada esquina
como quien va dejando guisantes para no perderse en
medio de la confusión acechante.

Ícaro

Colores de matices verdosos en el horizonte
mirabas por la ventana
con el cristal empañado
a un espectáculo que se figuraba entre los recovecos del aire
como si pudieran surgir formas dibujadas en plena calle
al deleite de los vecinos
formas invisibles
que pudieran dar rienda suelta a la imaginación
más desgastada
y hacer volar la ilusión de los cuerpos
encerrados
prometiendo un mañana que sería distinto
al hoy.
Pero siempre se ha vendido que la potencia puede comprarse en
        un mercado,
que no hacía falta quedarse parado un rato en silencio
para lograrla
veloces con nuestras piernas frágiles de escarcha
corriendo por las entrañas del presente
sin mirar atrás en ningún momento
ni hacia delante.
¿Qué temíamos entonces?
Ajenos al abismo oscuro que se abría debajo
de nuestros ligeros pies de cera
nos asombramos
todo se ha desconectado de repente
las aguas se han calmado artificialmente
todo bulle
como si un cambio se respirara en el ambiente

cuando vuelva la corriente
al mar
cuando las almas recobren la esperanza.

Las olas

Ruido constante que borbotea
como burbujas de gas en un lago gigantesco
y que se erigen y naufragan constantemente
sin precisar la derrota nunca
sin saber si uno asciende o desciende
desconociendo la fuerza que mueve esas corrientes marinas
y el dolor que las zambulle en el agua
o el odio que las agita
o el rencor de las tinieblas.

Silencio del alma
espesura que se encuentra en el vacío del pensar
gesto de volver a releer
de tratar de entender y comprender
a pesar de los pies que luchan por la vida
y las aletas que se entrecruzan
y este gesto victorioso de las olas
que van a morir
faltas de vida ya
a una playa desierta.

El mejor de los mundos

Dentro de una esfera de vidrio
algo sucia por el paso del tiempo
se encuentra un mundo encerrado
como si fuera un secreto
descansando
de los hombres.

El mejor de los mundos posibles,
le decían,
oculto en el interior de otro mundo
y otro mundo
y otro mundo
disperso
hasta perderse en su propio laberinto.

Todas las mañanas un ojo miraba ese interior extasiado
y la pupila se impregnaba de los reflejos ligeros
de ese juego de luces
que se desprendía como un eco imposible de controlar
pensando en domeñar las cadenas de posibilidades que se
        entrecruzan
y se elevan y descienden como si fueran caminos que pudieran
cerrarse el paso
y agilizarse
o surgir como un vapor
en la pradera
que no requiriera otra cosa que
pronunciar la palabra pensada
en el aire.

El mejor de los mundos posibles,
decían,
de un edificio rígido y severo,

asfixiado en su propia perfección
e inalcanzable aparentemente en la historia.

Mientras tanto
este otro mundo,
nuestro mundo,
el que existe,
quedaba fuera.

Pero ello no impedía que quisiéramos empeñarnos en abrir esa
        esfera cristalina
tan anhelada
pensando
quizás inocentemente
en no cortarnos
con los cantos afilados
en no sentir la sangre caer en la tierra
y el dolor de las formas geométricas descompensadas

porque un círculo no puede ser un cuadrado
ni un triángulo un rectángulo
ni un octógono convertirse en un hexágono
o un rombo

sino por arte de magia.

Este equilibrio ligero que nos rodea parece desmoronarse por
        momentos
como si el aire hinchara un globo inmenso
radiante de luces del todo
y en segundos se deshiciera abruptamente en pedazos
perdidos de basura inservible
incapaz de convertirse ya en otra cosa
como si su propia envergadura
la de la esfera inflada de aire
fuera por completo insostenible.

Es como un cuadrado que explota
o un círculo que explota
o un rombo desintegrado
por una bomba latente
un volcán despertando
al grito de un ángulo
              violado
en su propia consistencia.

Nubes de plástico

Flotando sobre un plástico reposado en el mar
que hace tiempo dejó de ser colchoneta
inflada
desinflada
mirando las praderas verdes sembradas de extrañas flores azules
que de cerca resultaron ser bolsas de plástico
abandonadas
contemplando el cielo en el que asciende el humo negro de los
        coches
que aspiramos en los pulmones
que tragamos
que asimilamos
hasta casi sentir que nos alimenta algo en nuestro interior
como si fuéramos máquinas industriales
figuras de ruido
con nuestras venas bien armadas de artificio
y con el mundo integrado de dentro a fuera
de fuera hacia dentro
inmersos en el consumo
de piezas
que componen el cuadro de nuestra vida
nuestros museos de utensilios
nuestras identidades colgadas de un gancho
nuestra imagen
captada como un momento congelado
que pudiera cambiarse por otro
en un instante
como si nada
sin apenas esfuerzo.

La ligereza de estos tiempos
de bruma difuminada en nuestros propios desperdicios
con líneas tenues que no llegan a definirse

buceando
en pinceladas de purpurina
y en reflejos que pueden apagarse o encenderse
fácilmente.

Buscabas un perfil [discreto]
capaz de soportar
la noche.

Aire

El hueco que quedaba dentro
era la escultura
el aire era el momento que ocupaba el espacio
el hierro la forja que trazaba la sombra
o la curvatura del ojo
tratando de fijar la mente en una imagen
todo se desbordaba en los límites
en la distinción trazada sobre una masa homogénea
aparentemente
porque hasta el aire puede cortarse
el espacio fragmentarse
el tiempo anclarse a un muelle
respirando liviano en medio de la planicie.

Agua

Gotas dispersas
olvidadizas
se deslizan por el cauce vaciado de un río

llenan despacio
el espacio que espera
el fundirse de unas con otras
de un devenir fluido
que surge y renace
se eleva y desciende
desborda el bosque
con árboles silenciosos
que cubren
el fresco aletazo
de su líquida consistencia

en la mente
el agua chapotea

en el lugar
respiramos entre aguas renqueantes
que se transforman a cada instante y dificultan un lugar estable
para la siguiente pisada

fluido sin cauces
que se dispersa en ruido
sin océano

agua de río
que cruza los senderos
esculpiendo las rocas

líquido

devenir
inaprensible.

Reverso

No salían en los periódicos
las redes de telaraña que imaginó
hasta asfixiar el cuerpo petrificado
luego le echaron en cara que fuera demasiado acomodado
al asiento duro de la hiperburocracia
como una mosca atrapada que fuera incapaz de resistirse frente al
        atacante.

Cuando los finos hilos pegajosos del tiempo no permiten mover las
        piernas
se grita
y hay gritos sonoros como el agudo estruendo de una tormenta
        eléctrica
y gritos sordos del que tiene garganta, pero se esfuerza por que
        salga el aire
en medio del agua sólida que le está encharcando los pulmones.

Canta en la ducha como un alegre figurante
sin lluvia de fondo
una tumba a solas
demasiado pesada para el frío cortante
que tragó el oxígeno
retenido
dentro
de sí.

Fuego

El aliento de un resplandor nos dejó callados unos instantes
como un susto que surgiera de una esquina
y emergiera del foso
en las cuerdas paralelas
sin atreverse a cruzar ninguna calle
ni a traspasar el muro
o a dar esquinazo
a lo fantasma en una casa del terror

sólo es un fuego incandescente que quema enormemente
nos mira
el universo entero nos está mirando
y la miríada de estrellas
suspira cada noche al enfrentarse a ese frío helado
hielo
en la mente humana

las hormigas correteaban sin mirar arriba
locos puntos negros que confundían al ojo en su trazado dinámico
en su trazado intermitente
en su trazado dubitativo
de aliento entrecortado
las patitas correteando por una alfombra de alquitrán recién
          vertido.

El ardor de un llanto en lo alto del cielo
gritabas
temiendo que quedara grabado como una huella en la arena
          prendida de la materia
viscosa del cerebro

tanta dispersión
tanta masa

tanta energía
tanto espectro gris
de sombra negra
luces que brillan en otro lugar sin observarnos

parece vano cada paso
cada pensamiento
un retiro
cada peldaño en esta escalera que se erige
equilibrista del vacío
con decorados aderezados sin gusto alguno
con soportes que arderían al acercarse al astro
no soportarían ni un instante

prendidos a la red

    sólo ese sonido

        ese acompañamiento
        que parece acunar
        de noche
        que abrasa porque se aleja
        que ahoga las palabras hasta hacerlas parecer casi
           insignificantes

es el parar
el ritmo
el fuego lejano de una danza incognoscible
el sentirse pequeño
con los ojos abiertos
el cerebro amplio
en un nuevo día
en este espacio
diminuto y acotado.

Salvación

No le salvaron las pantallas
ni las cuentas en redes sociales
ni los ordenadores
ni los teléfonos
ni los espejos
ni el aferrarse, como si pudiera succionarse la propia imagen,
a sus labios cristalizados en la pose
correspondiente
al cacareado método de supervivencia

no le salvó su pelo brillante
cuando el reloj cantaba
y vibraba latigazos que sacudían el espacio hasta llamar la
        atención como si nada más
fuera digno de ella a su alrededor

no le salvaron sus ágiles manos en los deslizamientos
ni su ingenio en la apariencia
no pudo contenerlo
aquel término del día que acababa con las baldosas removidas
y los músculos similares a una caja de latón
oxidada

no era aquel fluir de ideas que no podían tener orden porque eran
        diluvio
ni aquel presente que saltaba impaciente
ni aquel pasado prohibido
y el futuro enjaulado

fue aquel cielo nublado
sobre la pista directa al precipicio
el que ensombreció la escena
y los árboles a un lado

ayudando
enérgicamente
a distraer de los
reflejos
deslumbrantes
de la línea recta
los que permitieron
ir atrás
retroceder
un paso
resistiendo
al impulso
destructivo
de aquel mecanismo
delirante.

Tierra

Cauteloso susurro en medio
de esta
vida
desplaza un minuto
que no vuelve
y te desplaza a ti mismo un minuto
sin poder volver a
ser
       quien pensabas.

Si acaso pudieras llegar a amarrar el momento del
               pensamiento

como quien se aferra a la tierra
cuando ésta
en el pequeño detalle
se desvanece.

Algo grueso
es imposible de quitarse del medio
si no es cavando hondo

          y aparece

más
tierra
en el pozo
siempre
debajo
siempre debajo
de
nosotros.

Pensar en cavar un túnel hasta la
superficie
es
querer
disparar
sangre
a un agujero

           muerto

pero los agujeros nunca
           mueren

es la vida
la que   perece

y resurge
con energía

desde la   esencia
de un grano

que se
        deshace.

Erramos la mirada
al dirigirla a las paredes cementadas de un tope

rígido.

Mirar abajo
por debajo de lo observable
seguir cavando
hasta que llegue la roca
indiferente
de un
grito.

ÍNDICE

Ediciones Vitruvio

Colección Baños del Carmen

Últimos libros publicados:

Poesía completa, de Álvaro Pombo

En busca de Shaun-Mor, de José
Luis Ariel Méndez

Al final del principio, de Andrés
Carlos López Herrero

Poesía completa, de Blanca
Sarasua

Amor Maduro Busca, de Ambrosio
Gallego

Mamá se vá, de Federico Jiménez
Asenjo

Tú llegarás a mi ciudad vacía, de
Daniel López Acuña

Los amarillos ojos de la bestia, de
Angélica Morales

Traslúcida, de Fernando Pastor
Mata

Sonetos de amor y de agonía, de
Jaume Mesquida

Diálogo, de Lander Sánchez

Que no nos pase nada, de Federico
Jiménez Asenjo

Fiebre del olvido, de Leonardo
David Segado

Luz de labio con el beso dentro, de
Pedro Villarejo

Luces en la sombra, de María José
Pérez Grange

Vivo en la carretera, de Emilio
Alonso

Con el paso del tiempo, de Elena de
Jongh

Hambre y sed de paraíso, de José
Ramón del Canto

Cajas, de Nieves Viesca

La sangre en dos orillas, de Pablo
Villa
Para saber que existo, de Karlos
Linazasoro

Esta es la noche, de Jesús Ayet

Entre la herida y la sombra, de
Sonia María Riera Gata